GW01606159

Dirección editorial:
Departamento de Literarura Infantil y Juvenil

Tercera edición: marzo 2009

Traducción: Miriam Lozano

Título original: "Kaatje en de oppas"
Publicado por primera vez en Bélgica por Clavis

Carretera de Madrid, km. 315,700 50012 Zaragoza

ISBN: 978-84-263-5540-9

LAURA

SE QUEDA CON ROSA

Liesbet Slegers

EDELVIVES

YO SOY LAURA.
ESTOY CON MAMÁ
EN EL BAÑO.
SE ESTÁ PINTANDO.
¿DÓNDE IRÁ?

¡DING DONG!
–ESTÁN LLAMANDO.
¿QUIÉN SERÁ?
–ES ROSA. VIENE
A JUGAR CONTIGO.

—HOLA, LAURA.
¿ME DAS UN BESO?
VENGA, VAMOS
A HACER ESTE
PUZLE TAN BONITO.

PAPÁ ME DA UN BESO MUY FUERTE.

—¡HASTA MAÑANA, LAURA! —ME DICE.

—¡NO OS VAYÁIS!
—VAMOS A CENAR CON LOS TÍOS. ROSA SE QUEDA CONTIGO.

ROSA ME LEE
UN CUENTO DE
PRINCESAS Y YO
VEO LOS DIBUJOS.

–LAURA, VAMOS
A LA CAMA –DICE.
ROSA ME PONE
EL PIJAMA Y ME
DA UN BESO.

ROSA VIENE
CON MI CONEJO
DE PELUCHE.
SIEMPRE DUERME
CONMIGO.

—¡ROSA, ROSAAA! ¡QUIERO MÁS AGUA!
Y ROSA VIENE ENSEGUIDA.

ME GUSTA MUCHO QUE ROSA VENGA A MI CUARTO.

–ROSA, ¿ME TRAES UNA GALLETA?

—DEJA DE PEDIR COSAS Y DUÉRMETE. MAMÁ Y PAPÁ VOLVERÁN PRONTO —DICE ROSA.

ROSA NO ESTÁ CUANDO ME DESPIERTO. MIS PAPÁS, SÍ. ¡QUÉ BIEN!